Conte...

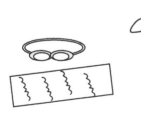

nado

leo

patino

Mis pasatiempos (My hobbies)

juego al balconcesto

juego al mini-golf

juego al fútbol

juego al rugby

juego al bádminton

juego al tenis

juego al ping-pong

juego = I play

1

Copia las frases españolas y los dibujos:

(Copy the Spanish phrases and the pictures:)

nado (I swim)

nado

_____

patino (I skate)

_____

leo (I read)

_____

juego al fútbol (I play football)

_____

juego al baloncesto
(I play basketball / netball)

_____

juego al tenis (I play tennis)

_____

Notice that the word tennis in Spanish only has one n, but in English n appears twice in the word tennis.

Empareja las frases con los dibujos:

(Match the phrases and the pictures:)

No juego al fútbol = I don't play football | No nado = I don't swim

No patino = I don't skate | No leo = I don't read

If you don't do something, Spanish sentences start with **No**

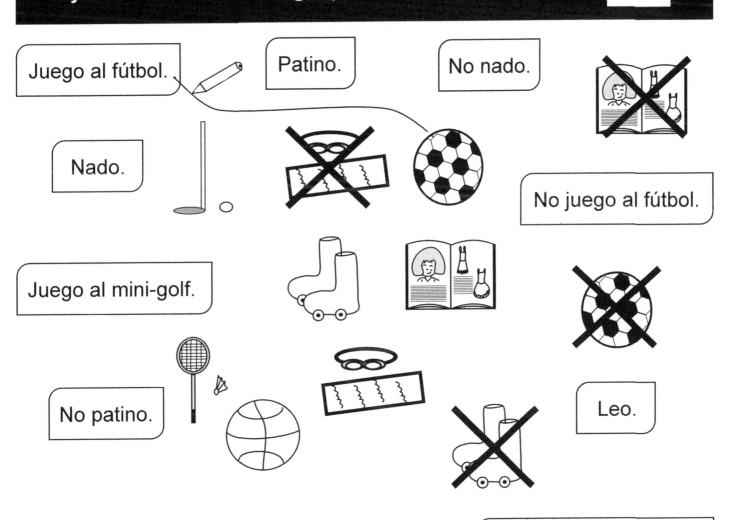

Juego al fútbol.

Patino.

No nado.

Nado.

No juego al fútbol.

Juego al mini-golf.

No patino.

Leo.

Juego al bádminton.

No leo.

Juego al balconcesto.

Juego al fútbol.....I play football

Juego al mini-golf....I play mini-golf

Juego al bádminton... I play badminton

No juego al fútbol.....I don't play football

Nado ....I swim

Patino.......I skate

Leo ....I read

No nado ......I don't swim

No patino ....I don't skate

No leo........I don't read

3

¿Qué pasatiempos tienes?

(What hobbies do you have?)

Lee las cartas y responde a las preguntas:
(Read the letters and answer the questions:)

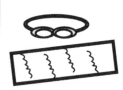

Hola,

¿Qué pasatiempos tienes?

Juego al fútbol, al ping-pong y al mini-golf.

¡Hasta luego!

Rafael

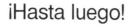

Hola,

Nado, patino y leo.

No juego al tenis.

¡Hasta luego!
Eva

Hola,

Juego al balconcesto y nado.

No juego al fútbol.

¡Hasta luego!
Susana

Susana

1) Who plays netball / basketball? _____

2) Who plays football? _____

3) Who reads? _____

4) Who doesn't play tennis? _____

5) Who doesn't play football? _____

6) Who swims? _____ _____

nado ....I swim	
patino.......I skate	
leo ....I read	
juego.......I play	
al fútbol.....football	
al tenis......tennis	
al mini-golf....mini-golf	
al ping-pong...table tennis	
al balconcesto...netball	
no juego ...I don't play	

4

¿Juegas al fútbol?

(Do you play football?)

To ask someone if they play a sport, say ¿Juegas al.....? followed by the sport.   For example:

¿Juegas al fútbol? = Do you play football?

Imagina que quieres saber cuáles son los deportes que una persona juega. (Imagine you what to know which sports someone plays)

Escribe las preguntas en español: (Write the questions in Spanish:)

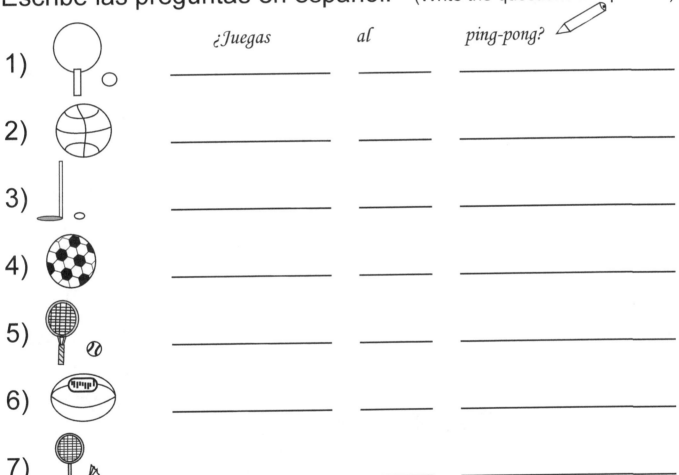

	¿Juegas	al	ping-pong?
1)	_____	_____	_____ .
2)	_____	_____	_____ .
3)	_____	_____	_____ .
4)	_____	_____	_____ .
5)	_____	_____	_____ .
6)	_____	_____	_____ .
7)	_____	_____	_____ .

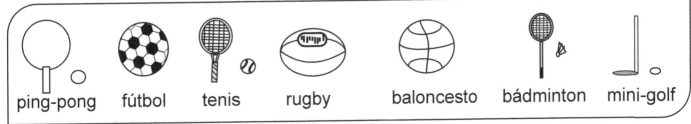

ping-pong   fútbol   tenis   rugby   baloncesto   bádminton   mini-golf

Una entrevista (An interview)

Responde a las preguntas: (Answer the questions:)

1) ¿Cómo te llamas?
   Me _____ llamo

   _____ _____ _____ .

2) ¿Juegas al fútbol?

   _____ .

3) ¿Juegas al mini-golf?

   _____ .

4) ¿Nadas?

   _____ .

5) ¿Patinas?

   _____ .

6) ¿Lees?

   _____ .

¿Cómo te llamas? ....What is your name?
Me llamo.....................My name is........

¿Juegas al fútbol?......... Do you play football?
Juego al fútbol...............I play football
No juego al fútbol...........I don't play football

¿Juegas al mini-golf?......Do you play mini-golf?
Juego al mini-golf...........I play mini-golf
No juego al mini-golf.......I don't play mini-golf

¿Nadas?...................... Do you swim?
Nado.......................... I swim
No nado.......................I don't swim

¿Patinas? .... Do you skate?
Patino......................... I skate
No patino..................... I don't skate

¿Lees?.......................Do you read?
Leo............................I read
No leo........................I don't read

¿Cuándo hace deporte Antonio?

(When does Antonio do sport?)

lunes Juego al baloncesto.	**viernes** Juego al tenis.
martes Patino.	**sábado** Nado.
miércoles Juego al fútbol.	**domingo** Juego al mini-golf.
jueves Leo.	

Escribe en inglés el día de la semana cuando Antonio:

(Write in English the day when Antonio:)

Wednesday

1) plays football   _____

2) swims   _____

3) plays netball / basketball   _____

4) reads   _____

5) plays mini-golf   _____

6) skates   _____

7) plays tennis   _____

lunes ….. Monday   martes……Tuesday   miércoles …..Wednesday

jueves….Thursday   viernes…. Friday   sábado…Saturday   domingo…Sunday

Mis pasatiempos

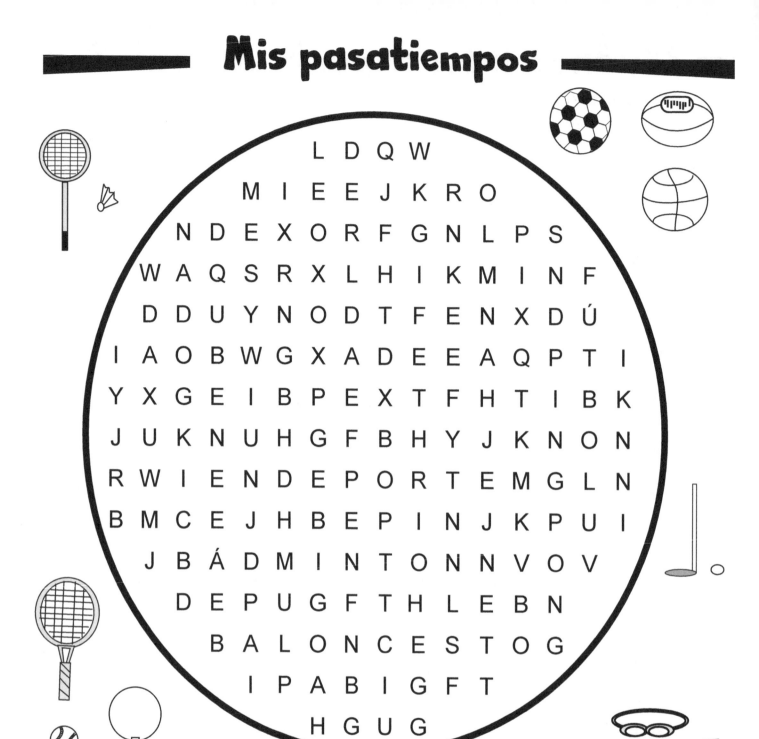

```
          L D Q W
        M I E E J K R O
      N D E X O R F G N L P S
    W A Q S R X L H I K M I N F
    D D U Y N O D T F E N X D Ú
    I A O B W G X A D E E A Q P T I
    Y X G E I B P E X T F H T I B K
    J U K N U H G F B H Y J K N O N
    R W I E N D E P O R T E M G L N
    B M C E J H B E P I N J K P U I
      J B Á D M I N T O N N V O V
      D E P U G F T H L E B N
        B A L O N C E S T O G
          I P A B I G F T
            H G U G
```

Busca estas palabras: (Find these words:)

LEO   PATINO   RUGBY   TENIS   FÚTBOL   BALCONCESTO

NADO   DEPORTE   BÁDMINTON   PING-PONG   MINI-GOLF

los números 21 - 40

21	veintiuno		31	**treinta y uno**
22	**veintidós**		32	treinta y dos
23	veintitrés		33	treinta y tres
24	veinticuatro		**34**	**treinta y cuatro**
25	**veinticinco**		35	treinta y cinco
26	veintiséis		36	treinta y seis
27	veintisiete		**37**	**treinta y siete**
28	**veintiocho**		38	treinta y ocho
29	veintinueve		39	treinta y nueve
30	treinta		**40**	**cuarenta**

9

Los números 21 - 30

Escribe los números en español: (Write the numbers in Spanish)

a) *veintiuno*

_____

b)

_____

c)

_____

d)

_____

e)

_____

f)

_____

g)

_____

h)

_____

i)

_____

20 = veinte   21 = veintiuno   22 = veintidós   23 = veintitrés

24 = veinticuatro   25 = veinticinco   26 = veintiséis   27 = veintisiete

28 = veintiocho   29 = veintinueve   30 = treinta

¡Vamos a multiplicar! (Let's do multiplications!)

Haz las siguientes multiplicaciones:
(Do the following multiplications:)

21 veintiuno

a) tres x siete = _veintiuno_

b) cuatro x seis = _____

c) cinco x cinco = _____

22 veintidós

d) siete x cuatro = _____

30 treinta

e) tres x diez = _____

f) once x dos = _____

g) nueve x tres = _____

29 veintinueve

h) dos x trece = _____

23 veintitrés

j) catorce x dos = _____

28 veintiocho

24 veinticuatro

26 veintiséis

25 veinticinco

27 veintisiete

1	2	3	4	5	6	7	8	9	10	11	12	13	14
uno	dos	tres	cuatro	cinco	seis	siete	ocho	nueve	diez	once	doce	trece	catorce

¿Qué número es? (What number is it?)

Rellena los números que faltan:
(Fill in the missing numbers:)

31 treinta y uno
32 treinta y dos
33 treinta y tres
34 treinta y cuatro
35 treinta y cinco
36 treinta y seis
37 treinta y siete
38 treinta y ocho
39 treinta y nueve
40 cuarenta

a) *38*   treinta y ocho

b) ☐   treinta y nueve

c) ☐   treinta y cuatro

 d) 33   _____ __ _____

e) ☐   treinta y cinco

f) ☐   treinta y uno

 g) 36   _____ __ _____

h) ☐   treinta y dos

i) ☐   treinta y siete

¡Me gustan las matemáticas! (I like maths!)

Haz los siguientes cálculos: (Do the following calculations:)

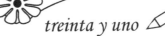

treinta y uno

a) veinte + once = _____

b) cuarenta - dos = _____

c) treinta + siete = _____

d) ocho x cuatro = _____

e) cuarenta - uno = _____

f) veinte + trece = _____

g) cinco x siete = _____

h) veinte + veinte = _____

i) cuarenta - seis = _____

1	**2**	**4**	**5**	**6**	**7**	**8**	**10**	**11**	**13**	**20**	**30**	**31**	**32**
uno	dos	cuatro	cinco	seis	siete	ocho	diez	once	trece	veinte	treinta	treinta y uno	treinta y dos

33	**34**	**35**	**36**	**37**	**38**	**39**	**40**
treinta y tres	treinta y cuatro	treinta y cinco	treinta y seis	treinta y siete	treinta y ocho	treinta y nueve	cuarenta

¿Qué letras y números faltan?

(What letters and numbers are missing?)

a) 26   v e i n t i s _é_ _i_ s

b) ⬚   v e _ _ t i c _ _ c o

c) ⬚   t r e i n t a y o _ _ o

d) ⬚   t r _ _ _ t a y d _ _

e) ⬚   v _ _ n t _ c u _ _ r o

f) ⬚   v e _ _ t i t r _ _

g) ⬚   _ _ i n t i u _ _

h) ⬚   t _ _ i n t a y n _ _ v e

i) ⬚   t r e i _ _ a y s _ _ t _

j) ⬚   _ _ _ i n t a y c _ n _ _

k) ⬚   v e i _ _ _ o _ _ o

l) ⬚   _ _ _ i n _ _ y _ n _

m) ⬚   v e i _ _ i d _ _

n) ⬚   v e i n t _ s _ _ t e

21 veintiuno
22 veintidós
23 veintitrés
24 veinticuatro
25 veinticinco
26 veintiséis
27 veintisiete
28 veintiocho
29 veintinueve
30 treinta

31 treinta y uno
32 treinta y dos
33 treinta y tres
34 treinta y cuatro
35 treinta y cinco
36 treinta y seis
37 treinta y siete
38 treinta y ocho
39 treinta y nueve
40 cuarenta

Los números 21 - 40

T	R	E	I	N	T	A	Y	S	I	E	T	E	T	R	E	N	T
V	E	I	H	G	F	G	V	E	I	N	T	I	C	I	N	C	O
T	V	T	R	E	I	N	T	A	Y	C	U	A	T	R	O	T	H
R	K	I	D	O	X	T	R	E	I	N	T	A	Y	T	R	E	S
E	V	X	D	E									V	C	X	Z	T
I	E	W	K	T									E	T	V	X	R
N	I	Q	C	R									I	R	E	T	E
T	H	V	M	E									N	E	I	R	I
A	C	E	K	I									T	I	N	V	N
Y	X	I	L	N									I	X	T	E	T
O	C	N	H	T									N	E	I	I	A
C	X	T	R	A									U	Z	U	X	T
H	V	I	C	Y									E	C	N	X	A
O	E	D	X	U									V	X	O	T	K
T	I	Ó	E	N									E	V	N	L	E
R	J	S	Z	O									I	E	L	T	H
K	V	E	I	N	T	I	C	U	A	T	R	O	R	T	N	Y	G
T	R	E	I	N	T	A	Y	S	E	I	S	A	S	I	W	C	A
K	H	U	P	G	C	T	R	E	I	G	U	X	E	K	I	H	G
V	E	I	N	T	I	O	C	H	O	C	E	V	L	O	U	T	F

Busca: (find:)

20	31
21	33
22	34
24	36
25	37
28	38
29	40
30	

Veinte is 20, but changes to veinti when followed by numbers 1-9.

Treinta is 30, and to say 31, 32 etc simply place **y** between the two words.

1	2	3	4	5	6	7	8	9
uno	dos	tres	cuatro	cinco	seis	siete	ocho	nueve

15

el piso

el balcón

el jardín

la casa

el dormitorio

el cuarto
de baño

la cocina

el comedor

el salón

el garaje

¿Qué palabra es? (Which word is it?)

Escribe las palabras en español debajo de cada dibujo:
(Write the words in Spanish under each picture:)

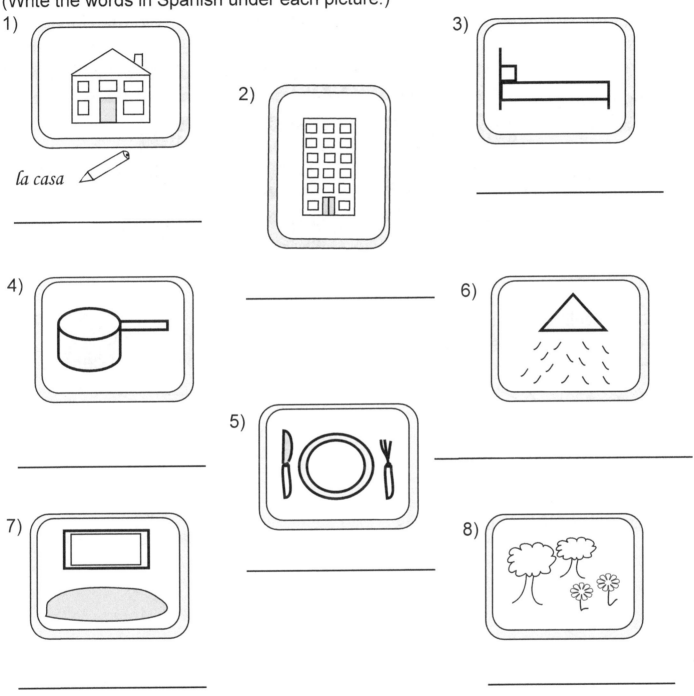

1) *la casa*

2) _____

3) _____

4) _____

5) _____

6) _____

7) _____

8) _____

la casa - the house   la cocina - the kitchen   el salón - the living room

el comedor - the dining room   el cuarto de baño - the bathroom

el dormitorio - the bedroom   el jardín - the garden   el piso - the flat

¿Vives en un piso o una casa?

(Do you live in a flat or a house?)

In the centre of Spanish towns and cities many people live in flats. The tall buildings provide shade from the hot sun in the summer . On the outskirts of the towns and cities, and in the countryside, there are many people who live in houses.

en una casa - in a house   **en un piso - in a flat**

Vivo - I live

en las afueras - on the outskirts

en el centro - in the centre   **en la costa - on the coast**

en el campo - in the countryside

Hola, me llamo Anna.
Vivo en una casa en la costa.

Hola, me llamo Juan.
Vivo en un piso en el centro.

Hola, me llamo José.
Vivo en un piso en las afueras.

Hola, me llamo Eva.
Vivo en una casa en el campo.

Responde a las preguntas: (Answer the questions:)

Juan

1) Who lives in a flat in the centre? _____

2) Who lives in a house in the countryside? _____

3) Who lives in a flat on the outskirts? _____

4) Who lives in a house on the coast? _____

| el salón (the living room) | la cocina (the kitchen) | el jardín (the garden) | mi dormitorio (my bedroom) | el garaje (the garage) |

es = is

pequeño = small

grande = big

rojo = red   azul = blue   verde = green   lila = lilac   rosa = pink

Empareja las frases: (Match the phrases:)

El garaje es grande.

The kitchen is big.

La cocina es lila.

My bedroom is blue.

La cocina es grande.

The garage is big.

El jardín es pequeño.

The living room is small.

Mi dormitorio es azul.

The kitchen is lilac.

El salón es pequeño.

The living room is red.

El salón es rojo.

The garden is small.

¿Cómo es tu casa?

(What is your home like?)

Hola,

¿Cómo es tu casa?

En mi casa hay un salón grande y una cocina azul.

Hay tres dormitorios.   Mi dormitorio es pequeño pero me gusta mucho mi dormitorio porque es rosa.

Hay un jardín pequeño delante de la casa y un jardín grande detrás de la casa. Me gusta jugar en el jardín. No hay un garaje.

¡Hasta luego!

Rosa

Lee la carta y responde a las preguntas:
(Read the letter and answer the questions:)

1) Is the living room big or small?   _Big_ _____

2) What colour is the kitchen?   _____

3) Why does Rosa like her room?   _____

4) How many bedrooms are there?   _____

5) Where does Rosa like to play?   _____

salón…living room	es…………..is	porque……………because
cocina….kitchen	pequeño … .small	hay…………………there is
jardín……..garden	grande……..big	no hay……………… there isn't
garaje….garage	azul………..blue	me gusta mucho……I like a lot
mi dormitorio..my bedroom	rosa………..pink	jugar……………….to play
delante de la casa …in front of the house		detrás de la casa…..behind the house

La casa

C	U	A	R	T	O	D	E	B	A	Ñ	O	W	E	I
G	R	L	A	J	E	S	A	Q	J	C	E	G	L	C
C	O	S	W	J	A	C	O	C	I	N	A	D	Z	O
W	A	K	A	N	M	Y	H	K	H	G	Z	O	E	M
C	L	R	K	N	A	G	F	C	Z	Q	W	R	P	E
F	A	L	W	H	Q	U	G	I	F	C	L	M	Y	D
G	B	A	L	N	G	R	A	N	D	E	H	I	E	O
X	P	E	Q	U	E	Ñ	O	C	H	P	N	T	D	R
S	A	L	O	R	H	G	J	K	P	I	A	O	N	E
T	H	S	C	U	B	A	L	C	Ó	N	C	R	M	N
W	I	C	O	M	E	J	A	R	D	Í	N	I	F	W
P	L	O	S	A	L	Ó	N	J	P	I	H	O	V	M

Busca estas palabras: (Find these words:)

SALÓN   COCINA   COMEDOR   CUARTO DE BAÑO

GARAJE   JARDÍN   DORMITORIO   CASA   BALCÓN

PISO   GRANDE   PEQUEÑO   HAY

Mi ciudad (My city)

casas

el castillo

el supermercado

la cafetería

el restaurante

el parque

la piscina

la playa

el mar

22

Dibuja tu propia ciudad

(Design your own city)

Lee las palabras y haz los dibujos:
(Read the words and draw the pictures:)

el castillo

el parque

la piscina

SUPERMERCADO

el supermercado

casas

el restaurante

la playa

el mar

la cafetería

casas - houses   el parque - the park   el supermercado - supermarket

el restaurante - the restaurant   el castillo - the castle   la cafetería - the cafe

la piscina - the swimming pool   la playa- the beach   el mar - the sea

¿Dónde está la playa?

(Where is the beach?)

If you go to Spain, it's very useful to be able to ask where certain places are:

¿Dónde está ....? - Where is....?

Imagina que estás buscando muchos lugares. Escribe las preguntas en español: (Imagine you are looking for lots of places. Write the questions in Spanish:)

1) _¿Dónde_ _está_ _el_ _restaurante?_ _____ .

2) _____ .

3) _____ .

4) _____ .

5) _____ .

6) _____ .

7) _____ .

8) _____ .

---

el parque - the park   el castillo - the castle   la cafetería - the cafe

el restaurante - the restaurant   el supermercado - supermarket

la piscina - the swimming pool   la playa- the beach   el mar - the sea

Language detective time!

In Spanish, both **el** and **la** mean **the** and it is important to remember which nouns use el, and which nouns use la.

Sometimes, we want to change **the** to **a**. For example, instead of saying the supermarket we would say a supermarket.

There are two ways of saying **a** in Spanish. **Un** is used for the nouns that use **el**. And **una** is used for the nouns that use **la**.

the beach	**la** playa	**a** beach	*una playa*
the swimming pool	**la** piscina	**a** swimming pool	
the city	**la** ciudad	**a** city	
the house		**a** house	**una** casa
the flat	**el** piso	**a** flat	**un** piso
the castle	**el** castillo	**a** castle	
the park	**el** parque	**a** park	
the supermarket		**a** supermarket	**un** supermercado
the restaurant	**el** restaurante	**a** restaurant	

■ ■

In Spanish, nouns are either masculine or feminine.

Masculine nouns begin with either el (the), un (a), los (the plural) or unos (some).

Feminine nouns begin with either la (the), una (a), las (the plural) or unas (some).

¿Hay un castillo? (Is there a castle?)

¿Hay...? - Is there...

Hay - there is

No hay - there isn't

Hay un castillo - there is a castle

No hay un castillo - there isn't a castle

1) Lee la carta y responde a las preguntas:
(Read the letter and answer the questions:)

Hola,

En mi ciudad hay una piscina y un parque.

No hay una playa.

¡Hasta luego!

Eva

a) What is there in Eva's town?

_____ _____

b) What isn't there in Eva's town?

_____

2) ¿Cómo es tu ciudad? Responde a las preguntas:
(What is your town/city like? Answer the questions:)

Answer either: Hay un castillo OR No hay un castillo

a) ¿Hay un castillo? _____

b) ¿Hay una playa? _____

c) ¿Hay un supermercado? _____

d) ¿Hay un parque? _____

e) ¿Hay una piscina? _____

 un castillo   una playa    un supermercado   un parque   una piscina

¿Dónde vives? (Where do you live?)

Hola,

Me llamo Inma. Vivo en Barcelona.
Barcelona está en el este de España.

¡Hasta luego!

Inma

Vivo en - I live in

el norte
(the north)

el oeste
(the west)

el este
(the east)

el sur
(the south)

España - Spain

Hola,

Me llamo Miguel.
Vivo en Santander.
Santander está en
el norte de España.

¡Hasta luego!

Miguel

Hola,

Me llamo Anna.
Vivo en Vigo.
Vigo está en
el oeste de España.

¡Hasta luego!

Anna

Hola,

Me llamo Carlos.
Vivo en Málaga.
Málaga está en
el sur de España.

¡Hasta luego!

Carlos

Lee las cartas. Responde a las preguntas:
(Read the letters. Answer the questions:)

1) Who lives in the north of Spain?   Miguel

2) Who lives in the south of Spain?   _____

3) Who lives in the east of Spain?   _____

4) Who lives in the west of Spain?   _____

27

La ciudad

```
C A S K L I N X É E K V C
P I S C I N A Q F J K I H I
J D R E S N X A K H G V C U
D X C A F E T E R Í A E R D
E J G K L E E F C A H U H A
M A E H P L A Z E H E E D
C E C A S T I L L O C B
W D X M A H G E J E H E E
R E S T A U R A N T E J K
C X S E G E G Z E R G E G
W A C E G Z E D A C R G D
S C I U X H Q M E H E G B
A E H C A X E G C A O E G X
C W S U P E R M E R C A D O S
D E G E G E H L U H Y G J W
D C P L A Y A E S X K
```

Busca estas palabras: (Find these words:)

PISCINA CASAS CAFETERÍA RESTAURANTE MAR

CIUDAD PLAYA CASTILLO SUPERMERCADO

el inglés

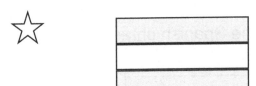
el español

el dibujo

el deporte

las asignaturas

la música

la geografía

la historia

la religión

la informática

las ciencias

$2 + 4 = 6$
las matemáticas

Copia las frases españolas y los dibujos:

(Copy the Spanish phrases and the pictures:)

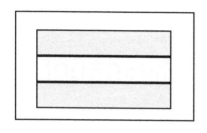 el español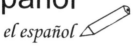

el español

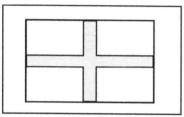 el inglés

_____

 el dibujo

_____

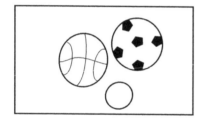 el deporte

_____

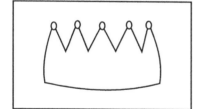 la historia

_____

 la geografía

_____

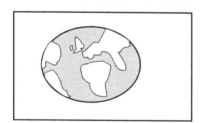 las matemáticas

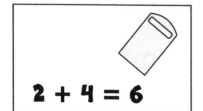 2 + 4 = 6

_____

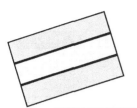

¿Te gusta el español?
(Do you like Spanish?)

¿Te gusta …? (Do you like …?)	Me gusta (I like) 😊	No me gusta (I don't like) ☹

Me gusta el español ✎

1a) ¿Te gusta el español? _____

  b) ¿Te gusta el inglés? _____

  c) ¿Te gusta la música? _____

  d) ¿Te gusta el deporte? _____

  e) ¿Te gusta el dibujo? _____

  f) ¿Te gusta la historia? _____

2) **If you are asking someone if they like something and the noun begins with los or las you need to add n onto the end of gusta.**

¿ Te gustan….?   Me gustan…….   /   No me gustan

(This is because words starting with los or las are in the plural, so gusta also needs to be in the plural.)

a) ¿Te gustan las ciencias? _____

b) ¿Te gustan las matemáticas? _____

el deporte   el español   el inglés   la música   la historia   el dibujo   las matemáticas   las ciencias

2 x 5 =

El horario escolar (The school timetable)

lunes	martes	miércoles	jueves	viernes
inglés	geografía	inglés	ciencias	inglés
matemáticas	geografía	matemáticas	ciencias	historia
recreo				
música	inglés	español	inglés	informática
música	matemáticas	religión	inglés	informática
comida				
español	deporte	dibujo	matemáticas	geografía
historia	deporte	dibujo	historia	español

Responde a las preguntas: (Answer the questions:)

1) What day is there science? _____

2) What day is there music? _____

3) What day is there art? _____

4) What day is there sport? _____

5) What day is there IT / Computers? _____

6) How many times a week is there maths? _____

7) How many times a week is there Spanish? _____

lunes - Monday

martes - Tuesday

miércoles - Wednesday

jueves - Thursday

viernes - Friday

sábado - Saturday

domingo -Sunday

recreo - break

comida - lunch

 deporte español inglés música historia informática dibujo matemáticas ciencias

Mi asignatura preferida

(My favourite subject)

Me gusta (I like)	**No me gusta** (I don't like)	**Mi asignatura preferida es** (My favourite subject is)

porque (because)	**es interesante** (it's interesting)	**es divertido** (it's fun)	**es fácil** (it's easy)	**es difícil** (it's hard)

Hola,

Me gusta el español porque es divertido.

Me gusta la música porque es fácil.

Mi asignatura preferida es el dibujo.

¡ Hasta luego !

Antonio

Hola,

Me gusta la historia porque es interesante.

No me gusta el deporte porque es difícil.

Mi asignatura preferida es el inglés.

¡ Hasta luego !

María

Responde a las preguntas: (Answer the questions:)

it's fun

1) Why does Antonio like Spanish? _____

2) Why does Antonio like music? _____

3) What is Antonio's favourite subject? _____

4) Why does María like history? _____

5) Why does María not like sport? _____

6) What is María's favourite subject? _____

 el deporte   el español   el inglés   la música   la historia   el dibujo   2 x 5 = las matemáticas   las ciencias

Las asignaturas (subjects)

Busca estas palabras: (Find these words:)

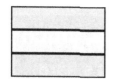
ESPAÑOL

DIBUJO

DEPORTE

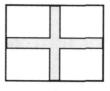
INGLÉS

$2 + 4 = 6$

MATEMÁTICAS

T	Y	E	S	P	A	Ñ	O	L	S	I	S	A	B	X	P
A	E	D	D	B	E	E	A	C	I	S	Ú	M	K	L	J
B	L	Z	C	E	B	E	G	A	E	Z	T	E	B	C	G
E	K	Y	H	D	E	P	O	R	T	E	B	X	D	B	E
M	S	B	J	K	H	I	S	T	O	R	I	A	S	F	O
D	M	E	L	B	E	G	S	P	S	T	E	G	X	B	G
I	D	B	A	I	N	F	O	R	M	Á	T	I	C	A	R
B	T	X	D	E	C	E	C	S	B	S	B	S	B	Z	A
U	A	T	M	A	T	E	M	Á	T	I	C	A	S	E	F
J	S	E	L	L	C	S	D	D	L	E	S	B	E	B	Í
O	S	E	L	I	N	G	L	É	S	I	S	X	D	E	A
L	E	W	Q	S	C	I	E	N	C	I	A	S	S	D	E

INFORMÁTICA

MÚSICA

GEOGRAFÍA

HISTORIA

CIENCIAS

¿Cómo es tu pelo?
(What is your hair like?)

pelirrojo
(ginger)

If someone had ginger hair, they would say:
Soy pelirrojo if they were a boy.
Soy pelirroja if they were a girl.

If you were describing someone else you would say:
Es pelirrojo if you were describing a boy or a man.
Es pelirroja if you were describing a girl or a woman.

For the other hair colours and hair lengths, the Spanish use:

Tengo = I have

Tiene = he or she has

el pelo rubio
(blonde hair)

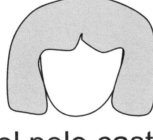

el pelo castaño
(brown hair)

el pelo negro
(black hair)

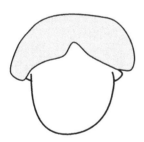

el pelo gris
(grey hair)

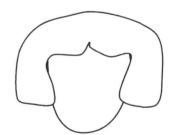

el pelo blanco
(white hair)

el pelo corto
(short hair)

el pelo largo
(long hair)

el pelo bastante largo
(quite long hair)

¿De qué color es tu pelo?

(What colour is your hair?)

Lee las frases y colorea los dibujos en el color adecuado:
(Read the sentences and colour the pictures in the right colour:)

rubio - blonde   negro - black   castaño - brown

pelirrojo/a - ginger   gris - grey   negro - black

¿De qué color son tus ojos?

(What colour are your eyes?)

1) Colorea los ojos en el color adecuado:
(Colour the eyes in the correct colour:)

los ojos azules
(blue eyes)

los ojos verdes
(green eyes)

los ojos marrones
(brown eyes)

2) Escribe las frases en español (Write the sentences in Spanish)

	Tengo	*los*	*ojos*	*azules*
a) I have blue eyes	_____	_____	_____	_____ .
b) I have brown eyes	_____	_____	_____	_____ .
c) I have green eyes	_____	_____	_____	_____ .

3) ¿Y tú? ¿De qué color son tus ojos?
(And you? What colour are your eyes?)

_____ _____ _____ _____ .

> For eye colours in Spanish, as we are describing two eyes notice that the colours azul (blue) verde (green) and marrón (brown) have extra letters added on the end. These are masculin plural endings.

¿Cómo es? (What is he / she like?)

Lee las frases. (Read the sentences)

Dibuja el pelo de las personas. (Draw the people's hair)

Colorea el pelo y los ojos en el color adecuado: (Colour the hair and eyes in the correct colour:)

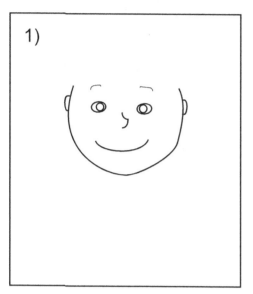

1)

2)

3)

4)

El pelo (hair)

rubio.....blonde

castaño...brown

negro......negro

gris.........grey

blanco......white

pelirrojo....ginger

largo......long

corto......short

bastante...quite

Los ojos (eyes)

azules....blue

verdes...green

marrones....brown

Persona 1 tiene el pelo castaño y largo.   Tiene los ojos azules.

Persona 2 tiene el pelo rubio y corto. Tiene los ojos verdes.

Persona 3 es pelirroja. Tiene el pelo largo y los ojos marrones.

Persona 4 tiene el pelo gris, blanco y corto. Tiene los ojos verdes.

¿Quién es? (Who is it?)

First of all read each hair colour in the left hand column, then colour the hair in each row in the correct colour. Use yellow for rubio, brown for castaño, and red or orange for pelirrojo. The black hair colour row has been done for you.

	corto	bastante largo	largo
rubio	1	2	3
negro	4	5	6
castaño	7	8	9
pelirrojo	10	11	12

Now play a guessing game in Spanish with someone in your family or a friend. Each player chooses in secret a person for the other to guess by asking what his/her hair is like. Here are some useful questions to ask:

¿Tiene el pelo rubio? = Is his/her hair blond?   ¿Tiene el pelo negro?= Is his/her hair black?

¿Tiene el pelo castaño? = Is his/her hair brown?   ¿Es pelirrojo/a? = Is his/her hair red?

¿Tiene el pelo largo? = Is his/her hair long?   ¿Tiene el pelo corto? = Is his/her hair short?

¿Tiene el pelo bastante largo? = Is his/her hair quite long?

To say yes say sí. To say no say no as it's the same word in Spanish.

Una carta de Antonio (A letter from Antonio)

Imagina que unos amigos españoles van a visitarte.
(Imagine that some Spanish friends are coming to visit you.)

Lee la carta. ¿Puedes reconocer a los amigos?
(Read the letter. Can you help recognise the friends?)

Hola,

En esta carta, voy a describir a mis amigos:
(In this letter I am going to describe my friends:)

Rosa tiene el pelo castaño y largo. Tiene los ojos verdes.

José tiene el pelo negro y corto. Tiene los ojos marrones.

María tiene el pelo rubio y largo. Tiene los ojos azules.

Rafael tiene el pelo castaño y corto. Tiene los ojos verdes.

Eva es pelirroja. Tiene el pelo corto. Tiene los ojos azules.

¡Hasta luego!

Antonio.

El pelo
(hair)

rubio.....blonde
castaño...brown
negro......negro
pelirrojo/a...ginger

largo......long
corto......short

Los ojos
(eyes)

azules....blue
verdes...green
marrones....brown

María   _Eva_

1) Who has blue eyes? _____   _____

2) Who has brown hair? _____   _____

3) Who has short hair? _____ _____ _____

4) What colour hair does María have? _____

5) What colour hair does Eva have? _____

6) What colour eyes does José have? _____

Las descripciones

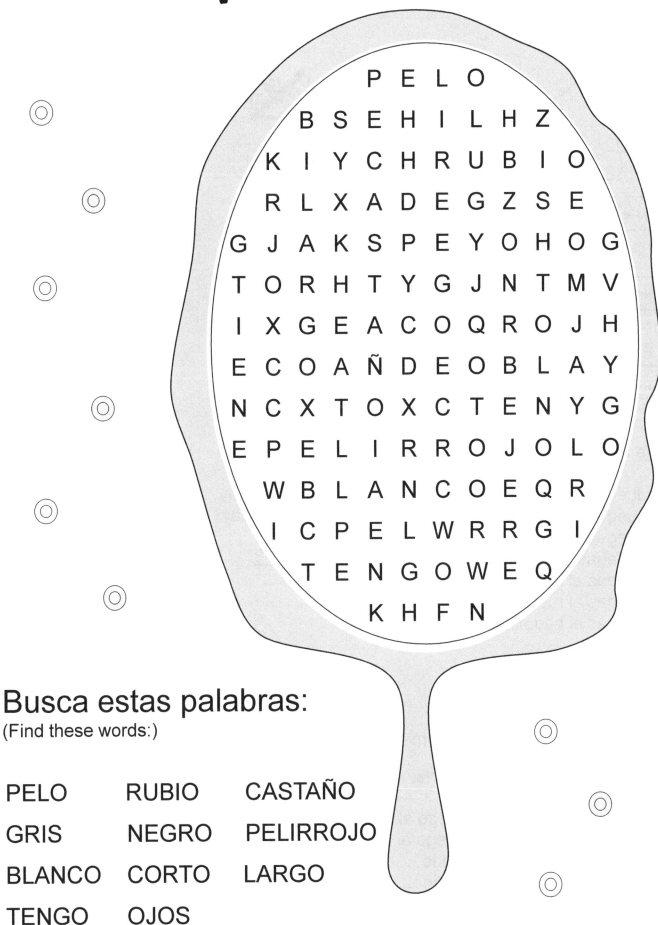

```
        P E L O
      B S E H I L H Z
    K I Y C H R U B I O
    R L X A D E G Z S E
    G J A K S P E Y O H O G
    T O R H T Y G J N T M V
    I X G E A C O Q R O J H
    E C O A Ñ D E O B L A Y
    N C X T O X C T E N Y G
    E P E L I R R O J O L O
    W B L A N C O E Q R
    I C P E L W R R G I
    T E N G O W E Q
      K H F N
```

Busca estas palabras:
(Find these words:)

PELO	RUBIO	CASTAÑO
GRIS	NEGRO	PELIRROJO
BLANCO	CORTO	LARGO
TENGO	OJOS	

Answers

Page 3

Juego al fútbol.

Patino.

No nado.

Nado.

No juego al fútbol.

Juego al mini-golf.

No patino.

Leo.

Juego al bádminton.

No leo.

Juego al balconcesto.

Page 4

1) Susana
2) Rafaeil
3) Eva
4) Eva
5) Susana
6) Eva and Susana

Page 5

1) ¿Juegas al ping-pong?
2) ¿Juegas al baloncesto?
3) ¿Juegas al mini-golf?
4) ¿Jueagas al fútbol?
5) ¿Juegas al tenis?
6) ¿Juegas al rugby?
7) ¿Juegas al bádminton?

Page 7

1) Wednesday   2) Saturday   3) Monday   4) Thursday
5) Sunday   6) Tuesday   7) Friday

Page 6

1) Me llamo (then write your name).

If you do the activity:	If you don't do the activity:
2) Juego al fútbol.	No juego al fútbol.
3) Juego al mini-golf.	No juego al mini-golf.
4) Nado.	No nado.
5) Patino.	No patino.
6) Leo.	No leo.

Page 8

```
            L
        E       O
    N       O   F   N       S
    A           L   I       I       F
    D   Y   O   T       N       Ú
    O   B   G       A       E       P   T
    G   I   P       T               I   B
  U   N                             N   O
R   I           D E P O R T E       G   L
M                                   P
    B Á D M I N T O N                O
                                     N
    B A L O N C E S T O G
```

42

Page 10

a) veintiuno
b) veintitrés
c) veinticinco
d) veintinueve
e) veinticuatro
f) treinta
g) veintisiete
h) veintiocho
i) veintiséis

Page 11

a) veintiuno
b) veinticuatro
c) veinticinco
d) veintiocho
e) treinta
f) veintidós
g) veintisiete
j) veintiséis
i) veintiocho

Page 12

a) 38 treinta y ocho
b) 39 treinta y nueve
c) 34 treinta y cuatro
d) 33 treinta y tres
e) 35 treinta y cinco
f) 31 treinta y uno
g) 36 treinta y seis
h) 32 treinta y dos
i) 37 treinta y siete

Page 13

a) treinta y uno
b) treinta y ocho
c) treinta y siete
d) treinta y dos
e) treinta y nueve
f) treinta y tres
g) treinta y cinco
h) cuarenta
i) treinta y cuatro

Page 14

a) 26 veintiséis
b) 25 veinticinco
c) 38 treinta y ocho
d) 32 treinta y dos
e) 24 veinticuatro
f) 23 veintitrés
g) 21 veintiuno
h) 39 treinta y nueve
i) 37 treinta y siete
j) 35 treinta y cinco
k) 28 veintiocho
l) 31 treinta y uno
m) 22 veintidós
n) 27 veintisiete

Page 15

```
T R E I N T A Y S I E T E
                    V E I N T I C I N C O
T     T R E I N T A Y C U A T R O
R               T R E I N T A Y T R E S
E                         V             T
I         T               E     V       R
N         R               I     E       E
T   V     E               N     I       I
A   E     I               T     N       N
Y   I     N               I     T       T
O   N     T               N     I       A
C   T     A               U     U
H   I     Y               E     N       A
O   D     U               V     O T
    Ó     N               E     N       E
    S     O                   E     T
   V E I N T I C U A T R O R     N
 T R E I N T A Y S E I S A     I
                        U   E
 V E I N T I O C H O C     V
```

Page 17

1) la casa
2) el piso
3) el dormitorio
4) la cocina
5) el comedor
6) el cuarto de baño
7) el salón
8) el jardín

Page 18

1) Juan
2) Eva
3) José
4) Anna

Page 19

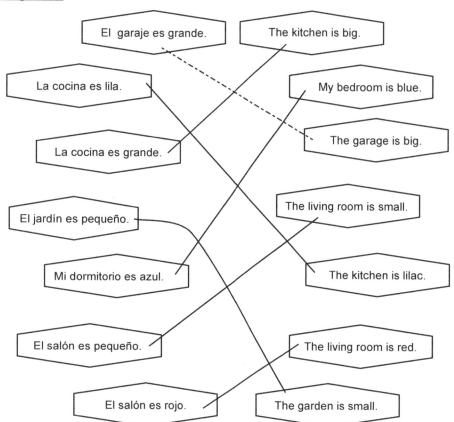

El garaje es grande.

The kitchen is big.

La cocina es lila.

My bedroom is blue.

La cocina es grande.

The garage is big.

El jardín es pequeño.

The living room is small.

Mi dormitorio es azul.

The kitchen is lilac.

El salón es pequeño.

The living room is red.

El salón es rojo.

The garden is small.

Page 20

1) big
2) blue
3) it's pink
4) three
5) in the garden

Page 21

C	U	A	R	T	O	D	E	B	A	Ñ	O		
		A		E								C
		S		J		C	O	C	I	N	A	D	O
	A		A			Y					O		M
C		R			A					R		E
	A			H						M		D
G					G	R	A	N	D	E		I		O
	P	E	Q	U	E	Ñ	O			T		R
			O							O	
		S			B	A	L	C	Ó	N		R	
	I				J	A	R	D	Í	N		I
P			S	A	L	Ó	N			O	

Page 24

1) ¿Dónde está el restaurante?
2) ¿Dónde está el parque?
3) ¿Dónde está la cafetería?
4) ¿Dónde está la piscina?
5) ¿Dónde está la playa?
6) ¿Dónde está el castillo?
7) ¿Dónde está el supermercado?
8) ¿Dónde está el mar?

44

the beach	**la** playa
the swimming pool	**la** piscina
the city	**la** ciudad
the house	**la** casa
the flat	**el** piso
the castle	**el** castillo
the park	**el** parque
the supermarket	**el** supermercado
the restaurant	**el** restaurante

a beach	**una** playa
a swimming pool	una piscina
a city	**una** ciudad
a house	**una** casa
a flat	**un** piso
a castle	**un** castillo
a park	**un** parque
a supermarket	**un** supermercado
a restaurant	**un** restaurante

Page 26

1a) a swimming pool and a park
b) a beach

2) Your answers should be about your town:

Hay = there is	No hay = there isn't
a) Hay un castillo	No hay un castillo
b) Hay una playa	No hay una playa
c) Hay un supermercado	No hay un supermercado
d) Hay un parque	No hay un parque
e) Hay una piscina	No hay una piscina

Page 27

1) Miguel
2) Carlos
3) Inma
4) Anna

Page 28

```
                                    C
P I S C I N A                       I
                                    U
      C A F E T E R Í A             D
                                    A
                                    D
          C A S T I L L O
      R E S T A U R A N T E
              S                 R
          A                   A
        S                   M
      A
  C   S U P E R M E R C A D O
      P L A Y A
```

Page 31

If you like the subject answer:

1a) Me gusta el español.
b) Me gusta el inglés.
c) Me gusta la música.
d) Me gusta el deporte.
e) Me gusta el dibujo.
f) Me gusta la historia.

2a) Me gustan las ciencias.
b) Me gustan las matemáticas.

If you don't like the subject answer:

No me gusta el español.
No me gusta el inglés.
No me gusta la música.
No me gusta el deporte.
No me gusta el dibujo.
No me gusta la historia.

No me gustan las ciencias.
No me gustan las matemáticas.

Page 32

1) Thursday
2) Monday
3) Wednesday
4) Tuesday
5) Friday
6) four times
7) three times

Page 33

1) it's fun
2) it's easy
3) Art
4) it's interesting
5) it's hard
6) English

Page 34

```
    E S P A Ñ O L
          A C I S Ú M
                          G
      D E P O R T E       E
        H I S T O R I A   O
  D                       G
  I     I N F O R M Á T I C A R
  B                       A
  U     M A T E M Á T I C A S F
  J                       Í
  O       I N G L É S     A
  L       C I E N C I A S E
```

Page 36

The pictures should be coloured as follows:

Tengo el pelo rubio = I have blonde hair - so use a yellow to colour
Tengo el pelo castaño = I have brown hair - so use a brown to colour
Tengo el pelo negro = I have black hair - so use a black to colour
Tengo el pelo gris = I have grey hair - so use a grey to colour
Tengo el pelo blanco = I have white hair - so use a white to colour
Soy pelirroja / Soy pelrrrojo = I have red hair - so use a red or an orange to colour

Page 37

Los ojos azules - blue eyes - so use a blue to colour
Los ojos verdes - green eyes - so use a green to colour
Los ojos marrones - brown eyes - so use a brown to colour

2a) Tengo los ojos azules   b) Tengo los ojos marrones   c) Tengo los ojos verdes

Page 38

Person 1 has long brown hair and blue eyes.

Person 2 has short blonde hair and green eyes.

Person 3 has long red hair and brown eyes

Person 4 has short, grey and white hair and green eyes.

Page 40

1) Maria and Eva
2) Rosa and Rafael
3) Jose, Rafael and Eva
4) blonde
5) ginger
6) brown

Page 41

```
            P E L O
        S
        I   C   R U B I O
    R L     A           S
  G A   S         O   O
  T R   T     J   T
  I G   A     O   R
  E O   Ñ     O
  N     O   C
  E P E L I R R O J O   O
      B L A N C O       R
                        G
      T E N G O   E
              N
```

Spanish		English		Spanish		English	
las	afueras	the	outskirts	el	garaje	the	garage
las	asignaturas		subjects	la	geografía		geography
	azul		blue		grande		big
	bádminton		badminton		gris		grey
el	balcón	the	balcony		hasta luego		bye
	balconcesto		basketball / netball		hay		there is
	bastante		quite		¿Hay...?		Is there....?
	blanco		white	la	historia		history
la	cafetería	the	café		hola		hello
el	campo	the	countryside	la	informática		IT / Computers
esta	carta	this	letter	el	inglés		English
la	casa	the	house	es	interesante	it's	interesting
las	casas	the	houses	el	jardín	the	garden
	castaño		brown (hair)		¿Juegas?		Do you play?
el	castillo	the	castle		juego		I play
el	centro	the	centre		jueves		Thursday
las	ciencias		science		jugar		to play
mi	ciudad	my	town / city		largo		long
la	cocina	the	kitchen		¿Lees?		Do you read?
el	comedor	the	dining room		leo		I read
	¿Cómo te llamas?		What is your name?		lila		lilac
	corto		short		lunes		Monday
la	costa	the	coast	el	mar	the	sea
el	cuarto de baño	the	bathroom		martes		Tuesday
	delante de		in front of	las	matemáticas		maths
el	deporte		sport		me gusta		I like
	detrás de		behind of		me gusta mucho		I like a lot
el	dibujo		art		Me llamo		My name is
es	difícil	it's	difficult		miercóles		Wednesday
es	divertido	it's	fun		mini-golf		mini-golf
	domingo		Sunday		mucho		a lot
	¿Dónde está..?		Where is...?	la	música		music
el	dormitorio	the	bedroom		¿Nadas?		Do you swim?
	en		in		nado		I swim
	es		is		negro		black
el	español		Spanish		no hay		there isn't
el	este	the	east		no juego		I don't play
es	fácil	it's	easy		no me gusta		I don't like
	fútbol		football	el	norte	the	north

Spanish		English		Spanish	English
el	oeste	the	west	uno	one
	ojos		eyes	dos	two
el	parque	the	park	tres	three
mis	pasatiempos	my	hobbies	cuatro	four
	¿Patinas?		Do you skate?	cinco	five
	patino		I skate	seis	six
	pelirrojo/a		red / ginger	siete	seven
	pequeño		small	ocho	eight
	persona		person	nueve	nine
	ping-pong		table tennis	diez	ten
la	piscina	the	swimming pool	once	eleven
el	piso	the	flat	doce	twelve
la	playa	the	beach	trece	thirteen
	porque		because	catorce	fourteen
	¿Qué?		what?	quince	fifteen
la	religión		religion	dieciséis	sixteen
el	restaurante	the	restaurant	diecisiete	seventeen
	rojo		red	dieciocho	eighteen
	rosa		pink	diecinueve	nineteen
	rubio		blonde	veinte	twenty
	rugby		rugby	veintiuno	twenty one
	sábado		Saturday	veintidós	twenty two
el	salón	the	living room	veintitrés	twenty three
el	supermercado	the	supermarket	veinticuatro	twenty four
el	sur	the	south	veinticinco	twenty five
	tengo		I have	veintiséis	twenty six
	tenis		tennis	veintisiete	twenty seven
	tiene		he / she has	veintiocho	twenty eight
	verde		green	veintinueve	twenty nine
	viernes		Friday	treinta	thirty
	vivo		I live	treinta y uno	thirty one
				treinta y dos	thirty two
				treinta y tres	thirty three
				treinta y cuatro	thirty four
				treinta y cinco	thirty five
				treinta y seis	thirty six
				treinta y siete	thirty seven
				treinta y ocho	thirty eight
				treinta y nueve	thirty nine
				cuarenta	forty

For children aged 7 - 11 there are the following books by Joanne Leyland:

Italian
Cool Kids Speak Italian (books 1, 2 & 3)
On Holiday In Italy Cool Kids Speak Italian
Photocopiable Games For Teaching Italian
Stories: Un Alieno Sulla Terra,   La Scimmia Che Cambia Colore,   Hai Un Animale Domestico?

French
Cool Kids Speak French (books 1 & 2)
Cool Kids Speak French - Special Christmas Edition
On Holiday In France Cool Kids Speak French
Photocopiable Games For Teaching French
Cool Kids Do Maths In French
Stories: Un Alien Sur La Terre,   Le Singe Qui Change De Couleur,   Tu As Un Animal?

Spanish
Cool Kids Speak Spanish (books 1, 2 & 3)
Cool Kids Speak Spanish - Special Christmas Edition
On Holiday In Spain Cool Kids Speak Spanish
Photocopiable Games For Teaching Spanish
Cool Kids Do Maths In Spanish
Stories: Un Extraterrestre En La Tierra, El Mono Que Cambia De Color, Seis Mascotas Maravillosas

German
Cool Kids Speak German books 1 & 2
Cool Kids Speak German book 3 (coming soon)

English as a foreign language
Cool Kids Speak English books 1 & 2

For children aged 5 - 7 there are the following books by Joanne Leyland:

French
Young Cool Kids Learn French
Sophie And The French Magician
Daniel And The French Robot (books 1, 2 & 3)
Daniel And The French Robot Teacher's Resource Book (coming soon)
Jack And The French Languasaurus (books 1, 2 & 3)

German
Young Cool Kids Learn German

Spanish
Young Cool Kids Learn Spanish
Sophie And The Spanish Magician
Daniel And The Spanish Robot (books 1, 2 & 3)
Daniel And The Spanish Robot Teacher's Resource Book (coming soon)
Jack And The Spanish Languasaurus (books 1, 2 & 3)

For more information on the books available, and different ways of learning a foreign language go to **www.foreignlanguagesforchildren.com**

Made in the USA
Middletown, DE
10 December 2020